遇见
三星堆

四川广汉三星堆博物馆
编 著

巴蜀书社

三星堆博物馆
SANXINGDUI MUSEUM

《遇见三星堆》编委会

编委会主任

王居中

编委会副主任

贾苏竹　何国娟　朱亚蓉　董　静

编委（以姓氏笔画为序）

贾怡君　罗　红　吴维羲　杨雨霏　刘　毓

三星堆与中华文明　中华文明的重要发源地

战国时期	春秋时期		后期	
东周		西周		商

晚期巴蜀文化	三星堆遗址四期文化（十二桥文化）	三星堆
距今约2600-2350年前	距今约3200-2600年前	距今约

三星堆与世界文明　北纬30度线上的文明奇迹

希腊王朝	波斯王朝	伊索比亚和萨伊斯的复兴	第三中间期	新王国时期-底比斯第二

古波斯-阿黑门尼德王朝	新巴比伦王朝	新亚述时期	伊辛第二王朝	凯喜特王朝-古巴比

前孔雀王朝和孔雀王朝	吠陀时期

晚期巴蜀文化	三星堆遗址四期文化（十二桥文化）	三星堆
距今约2600-2350年前	距今约3200-2600年前	距今约

	夏		新石器时代	— 中国中原地区

三期文化	三星堆遗址一期文化（宝墩文化）	— 成都平原地区
0年前	距今约4800-4000年前	

二中间期	中王国时期-底比斯第一帝国	第一中间期	— 古埃及

	古巴比伦时期		— 西亚

	印度河文明-哈拉帕文化		— 印度

三期文化	三星堆遗址一期文化（宝墩文化）	— 成都平原地区
0年前	距今约4800-4000年前	

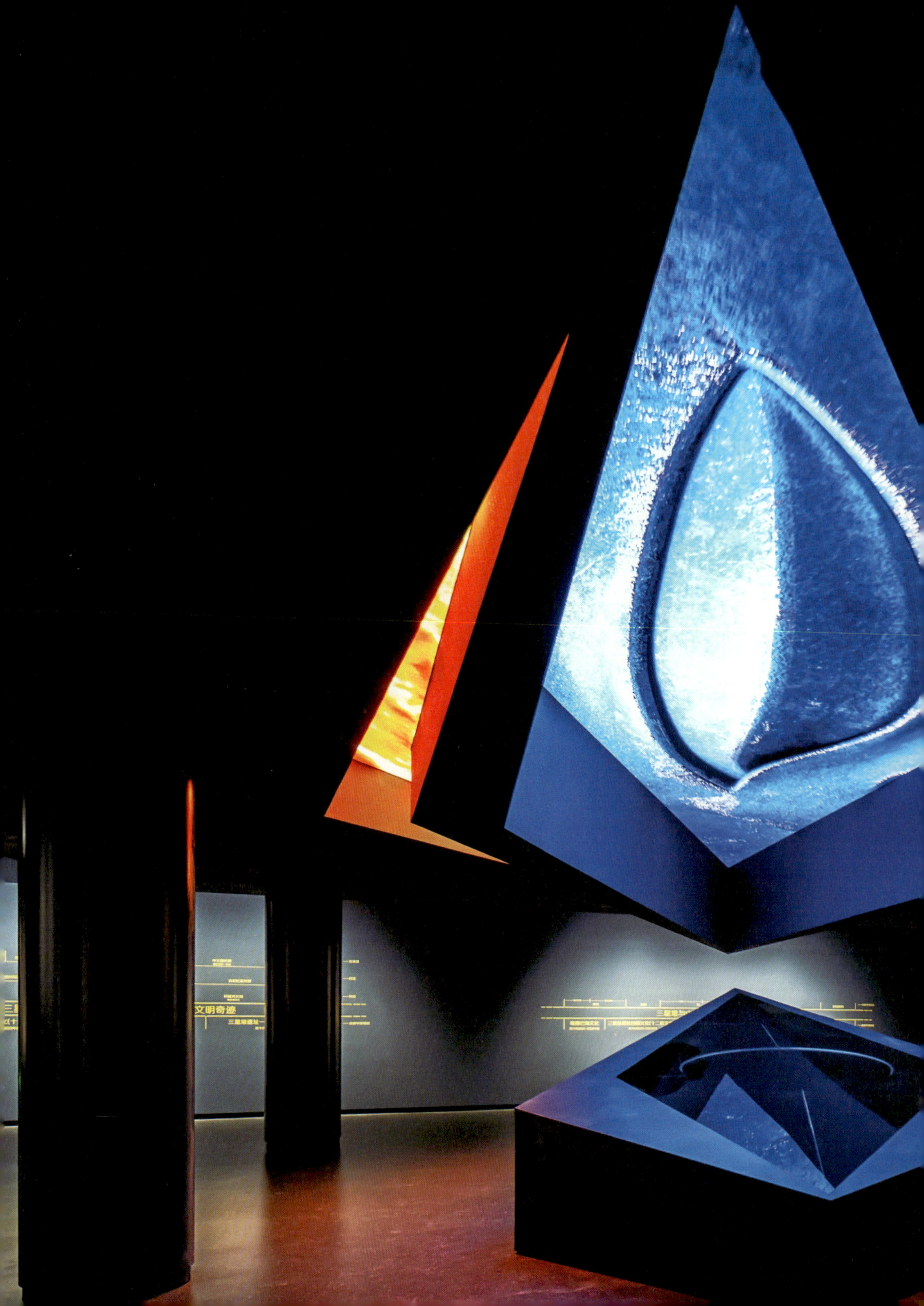
文明奇迹

目 录

概　述 / 002

青铜之光　青铜器 / 009

天地之灵　玉石器 / 057

陶然升华　陶　器 / 081

流光华彩　金　器 / 095

概述

"广汉名区，雒城旧壤。其东则涌泉万斛，其西则伴月三星。"三星堆遗址中心区域南端三个起伏相连的黄土堆和其北面形如新月的月亮湾台地共同组成了广汉久负盛名的景观——"三星伴月"。20世纪80年代中期，这里的考古发现震惊了世人，按考古学文化"最小地名"命名原则，遗址由此得名"三星堆"。

三星堆遗址位于四川省广汉市三星堆镇（原南兴镇），成都平原北部沱江支流湔江（鸭子河）南岸。遗址分布面积约12平方公里，是古蜀文化遗址中分布范围最广、延续时间最长、文化内涵最丰富、等级最高的一处中心遗址。遗址发现了城址、房屋建筑、器物坑、墓葬、河边祭祀区、手工业作坊等各类遗迹，包括知名度最高的一至八号坑；出土了青铜器、玉石器、金器、陶器、象牙、海贝等各类遗物上万件。

一、三星堆的发现与研究

从1929年发现玉石器伊始，三星堆遗址考古工作已持续90余年，其发掘时间之长，出土遗物之丰富，在中国除河南安阳殷墟外，恐难以找到第二处遗址可与之比肩。90余年的工作，不仅积累了车载斗量的田野考古资料，还陆续产生了一批重要研究成果，不断丰富、补充、更新着我们对古蜀文明、长江文明乃至中华文明形成与发展的认识。

（一）石破天惊：三星堆考古发现

1986年7月至9月发现的一、二号坑和2019年11月至2020年5月发现的三至八号坑是三星堆遗址最为重要的发现之一，代表了三星堆文明的最高成就，其出土文物数量之多、种类之丰、价值之高，为古蜀文化遗存所仅见。截至2021年9月，三星堆新发现的坑仍在紧张发掘中，通过公布的吉光片羽，足窥古蜀王国之繁华。

一号坑平面呈宽长方形，长4.5~4.64米、宽3.3~3.48米，面积16.2平方米。出土了青铜器、玉器、金器、陶器、石器、象牙、琥珀、海贝等各类器物500余件。

二号坑平面呈窄长方形，长5.3米、宽2.2~2.3米，面积11.9平方米。出土了青铜器、金器、玉器、绿松石、石器、象牙、象牙珠、象牙器、虎牙等各类遗物1400余件（含残片和残件可识别出的个体）。

三号坑平面呈窄长方形，长5.8米、宽2.1~2.7米，面积为14.1平方米。出土了青铜器、金器、玉器、象牙、骨雕、石器、海贝等各类器物残件和标本共729件。该坑发现了青铜顶尊跪坐人像、各种形制的大口尊、铜爬龙器盖、铜面具、铜蛇、神树纹玉琮等精美器物。

四号坑平面近方形，长3~3.1米、宽2.8~2.9米，面积为8.1平方米。出土了青铜器、玉石器、金器、陶器等器物，包括完整器86件、残件1073件。该坑发现的丝织物残痕是四川首次发现3000多年前的丝绸遗痕，实证3000多年前的古蜀人已开始使用丝绸。

五号坑平面近方形，长2米、宽1.78米，面积为3.56平方米。该坑在8个坑中面积最小，但"含金量"较高，出土了金器、象牙雕、玉器等器物，其中包括体量巨大的半张金面具以及造型精美的金鸟形饰。

六号坑平面近方形，长1.94~2.33米、宽1.67~1.95米，面积为4.1平方米。该坑出土了三星堆遗址首次发现的木箱，在木箱底部填土中检测出丝蛋白，这意味着木箱内可能盛装了丝绸。

七号坑平面呈宽长方形，长3.8~4.3米、宽3.3米，面积为13.5平方米。该坑被六号坑打破。坑内发现了象牙、玉器、铜器、金器等，包括玉石璋、戈、瑗以及铜人头像、有领璧等精美文物。

八号坑平面呈宽长方形，长5米、宽3.6米，面积为18平方米。坑中发现了铜器、玉石器、象牙、金器以及红烧土、条形木柱残痕等，包括铜尊、铜方罍、铜神坛、铜神兽、铜顶尊人像、玉璋、玉戈、有领玉璧、石磬等器物。

8个坑基本形制与朝向一致，出土文物种类相似，新发现的6个坑出现了很多新器形；散落分布在三星堆城墙与南城墙之间的三星堆台地东部，周围分布着与祭祀活动有关的矩形沟槽、圆形坑和大型沟槽式建筑等。关于这8个坑的用途为何，考古新发现为我们提供了新的解释。

（二）水落石出：三星堆研究新进展

围绕着三星堆，一直有许多谜团，是什么人群创造了这么多造型奇特、体量巨大的青铜器，三星堆人来自哪里，三星堆古城为何消失，三星堆与域外文明的关系，三星堆一至八号坑的具体年代与用途，等等。这些谜团，不仅困扰着学界专家，也聚焦了社会大众的目光，异见迭出，聚讼纷纭。一、二号坑的重要发现，让我们对相隔数千年的古蜀文明产生了许多问号，而三至八号坑的新发现，则为我们更深入地了解古蜀文明提供了新的思路，解决了一些具有争议性的问题，比如关于坑的年代和性质问题。

发掘者在《三星堆祭祀坑》报告中提出，一、二号坑年代在商代晚期。随着三至八号坑发掘工作的推进，考古人员发现，从年代及打破关系、出土文物、文物埋藏方式这三个明显不同的特征来看，三星堆的8座坑可以大致分为两类。其中一、二、三、四、七、八号坑可能是同一时间形成，五、六号坑应该晚于其他6个坑。通过碳十四检测结合考古发现，考古人员认为四号坑年代在距今3148~2966年范围内，属商代晚期。其他几个坑的具体年代还有待进一步检测和研究。

关于8个坑的性质，猜测颇多。1986年，当三星堆一、二号坑被发现以后，学界曾围绕两座坑的性质进行了大量研究，出现了祭祀坑、祭祀器物掩埋坑、亡国宝器掩埋坑、失灵神物掩埋坑甚至是墓葬陪葬坑等不同说法，经过长期研究，学界的基本认识集中在"祭祀坑"和"埋藏坑"两方面。三至八号坑新材料的发现又推动学界提出了新观点。发掘者根据出土现象认为三星堆8个坑的情况可分为两种：一、二、三、四、七、八号坑可能是祭祀器物的掩埋坑；面积较小的五、六号坑是真正的祭祀坑。

造型夸张、不见于其他文化体系的青铜器、金器以及对三星堆出土文物年代的误解，让大众纷纷大开脑洞，猜测这支文明到底源自何处：西亚、罗马、埃及甚至外星？经考古材料和文献材料证实，三星堆文化是在古蜀文化自身发展基础上吸收诸多外来文化因素形成的，并非无源之水、无根之木。在成都平原的宝墩文化、长江上中游地区的史前新石器时代文化中，都可以找到和三星堆早期文化相似的因素，它们有可能是三星堆文化的源头之一。从文献材料来看，甲骨文和先秦、汉晋典籍显示，早在商周时期就已有"蜀"的记载，"征蜀""蜀射三百""周武王伐纣，实得巴蜀之师"等反映出古蜀虽远离中原地区，自成一系，但始终同中原王朝保持着或显或隐的联系。

二、三星堆考古发现的意义和价值

20世纪三星堆遗址重大考古发现，展示了一个相对独立、繁荣的古蜀国高度发达的文明成就。随着三至八号坑器物的出土以及越来越多的考古新材料的发现，人们开始从物质史、技术史、中华文明多元一体重要组成等诸多视角来探索三星堆，认识以三星堆文化为代表的古蜀文化在中华文明发展史上的重要意义和价值。

（一）独具特色的青铜文化

三星堆遗址，尤其是震惊世界的8个坑，出土了大量精美文物，其数量、种类之多，形体之大，造型之奇，文化内涵之丰富、神秘，前所未见，代表了当时甚至相当长时间内人类艺术与技术的巨大成就，当之无愧地成为长江流域最辉煌、最独特的青铜文明之一，也是中国青铜文明鼎盛时期的杰出代表之一。

三星堆文物数量巨大，除少量器形，如牌饰、尊、罍、璋、戈等与二里头文化、商文化同类器形相似外，大部分器形如青铜神树群、青铜人像群、青铜面具群、太阳形器、眼形器、鱼形璋等尚属首次发现，是蜀地特有的器物，具有鲜明的地域特征和浓郁的地方文化色彩，充分反映了商时期蜀人独特的审美意识和宗教信仰。

（二）开放包容、融合创新的地方文化

三星堆遗址种类繁多的出土器物中，不乏其他文化的身影。如青铜牌饰、铜铃、陶盉、牙璧形器等是中原夏文化的典型器物；青铜尊、罍、玉戈、玉边璋、牙

璋、玉瑗等是商文化的典型器物；玉琮、玉锥形器、人（神）面图案等带有长江下游良渚文化的特点；城址规划设计理念和墙体建筑技术等常见于长江中游石家河文化。

　　三星堆的古蜀人不盛行"拿来主义"，并非完全模仿周边地区青铜文化，而是在吸纳华夏大地极其丰富的各种文化元素的基础上，进行了创新和再造，制作了一系列独具特色的器物。如二号坑出土的持璋小人像、青铜顶尊跪坐人像、鱼嘴形玉璋以及三号坑出土的顶尊跪坐人像和神树纹玉琮等，将古蜀特色的跪坐人像、钟爱的鱼形象、神树纹与其他文化典型器物铜尊、玉璋、玉琮等结合在一起，由此焕出新意，彰显出自身的文化个性。可见，三星堆文化一直以开放、包容的姿态吸收周边文化，并不断融合创变，最终形成了独具特色、兼容并包的地方青铜文化。

（三）高度发达的手工业

　　三星堆文明留下来的高大的三重城圈、神秘诡谲的青铜器、光彩夺目的金器、美轮美奂的玉石器，无一不反映出古蜀国已拥有发达的手工制造业，以及支撑手工业发展的成熟的社会分工、强大的资源获取和调配能力、先进的生产技术。

　　三星堆遗址内密集的房屋建筑、规模宏大的"宫殿"以及高大的城墙，是这座长江上游最大的夏商古城繁荣的经济和发达的文化之重要表征。其城墙经多次堆筑、增筑，普遍厚度在40～50米。城址内祭祀区、普通居住区、疑似手工业作坊区等功能区分布井然有序，体现出古城的营建遵循了一定的设计原则和规划理念。

　　三星堆文明最引人注目、最具代表性的是造型奇特、体量庞大的青铜器群。其使用的焊接、范铸、爪铸、锻打等工艺反映了古蜀人在商代已熟练掌握青铜铸造技术。从冶炼技术、铸造技术和方法以及铜器的打磨和细部纹饰刻画等来看，虽然三星堆青铜器的精良程度与同时期中原地区铜器存在一定差距，但其多采用夸张变形的艺术手法，强化人物、动植物典型特征，且多用分铸、连接技术铸造大器等，又使其青铜艺术独标一格，是一支区别于中原地区侧重浑铸、重礼器与兵器的青铜文化，在中华文明青铜体系里占据了重要地位。

　　三星堆出土的黄金制品数量不多，但种类丰富、制作精美，显示了古蜀人已熟练掌握了以锤揲、模压、粘贴、錾刻、镂空、包金等技术为主的黄金制作工艺，代表了中国早期黄金冶炼工艺的最高水平。和殷商时期北方系统中形体较小、以装饰品为主的金器相比，三星堆金器在器物风格和制金工艺上都独树一帜，在中国黄金制造史上留下了浓墨重彩的一笔。

三星堆出土了大量玉石器，这些玉石器种类繁多，造型精美，有着深刻的文化内涵和高超的艺术成就。三星堆玉石器多属透闪石软玉，硬度较大，成型过程复杂，运用了锯、凿、挖、琢、钻、磨、雕刻及抛光等一系列工艺，切割法包括砣切与线切法。遗址近一个世纪出土的大量玉石器成品、半成品、坯料、磨石等，反映了古蜀国已拥有较大规模的加工作坊和较高水准的制玉技术。

（四）中华文明多元一体的重要组成部分

三星堆文化是中华文明多元一体格局中地域特征鲜明的考古学文化之一，在中原地区强大的文化辐射影响下，既有与中原夏商王朝类似的青铜尊、青铜罍和玉璋、玉戈等礼制表达体系，又有独特的青铜神像、青铜面具、青铜神树、金杖等神权表达体系。源源不断的考古新发现，为中华文明起源和发展的宏阔图景再写新篇，为中华文明的博大精深提供了新证。古蜀文明经历了从宝墩文化、三星堆文化、十二桥文化到晚期巴蜀文化"古城—古国—方国"的国家起源和发展三部曲的全过程。在这一过程中，古蜀地区一直与中原地区保持频繁交流，从商末周初，武王伐纣时蜀为周的同盟军参与王朝更替开始，复经千年发展嬗变，最终融入秦汉大一统文化之中。以古蜀文明等为代表的长江文明是中华文明多地起源，并存发展，通过频繁密切文化交流，最终走向一体化的生动体现。

伴随着三星堆三至八号坑考古发现的陆续公布，社会上掀起了三星堆热潮，围绕三星堆谜团的讨论不绝于耳，但其中夹杂着"三星堆文明是外星文明""三星堆文明比中原文明更早"等诸多误解。误解源自不了解。只有客观、充分地了解、认识三星堆后，才能更好领略这座青铜文明宝库的魅力。为此，我们精心挑选了三星堆文明最具代表性的精品文物，辅以解说文字和高清大图，其中不乏首次公开的细节图、多角度图以及纹饰线描图，以飨读者。

遇见三星堆

青铜之光

青铜器

　　三星堆青铜器数量巨大，仅一、二号坑就出土近千件，种类繁多，器形丰富，尤以造型奇特的立人像、人头像、面具、兽面像、铜树、动物铜器、尊、罍等为代表。

　　从功用角度看，三星堆青铜器主要为宗教礼仪用器，极少为实用器。从器物造型的角度看，主要分为三大类。第一类是具有浓郁宗教色彩的青铜塑像群，包括人像、神像、神怪像、面具等，风格极为独特，是三星堆青铜器中最具代表性的，其造型意图似乎是根据祭祀活动的需要，分别铸成代表不同身份的主持、参加祭祀活动人物的形象或接受祭祀的偶像。第二类是和神话传说有一定关系的仿动植物的铜器，造型有神树、龙、虎、蛇、鸡、鸟、树果实等。第三类为青铜礼器，主要为尊、罍等。

　　三星堆青铜器不仅器类丰富，铸造技术高超，且风格雄奇壮美，造型生动活泼，是古蜀人沟通现实社会与神话世界之间的桥梁，具有极其强大的艺术魅力与非凡的审美价值，堪称中国青铜时代典范。此外，三星堆青铜器群所富含的文化面貌复杂、新颖、神秘，造型各异的青铜人像的服饰、发髻等也为我们研究古蜀人的生活习性提供了极其重要的实物资料，具有十分重要的研究价值。

型、中型、中小型及小型四种，最大者如大立人像，高约262厘米，最小的仅2厘米左右。人像体态分立式和跪式两种。立式人像的动态基本一致，跪式人像则分为正跪、侧跪等几种跪姿。

扫描欣赏
文物 3D 立体图

铜立人像

商代晚期
高262厘米，人像高180厘米
1986年三星堆二号坑出土

  该人像是同时期全世界体量最大的一座青铜人物雕像，雕像整体分为底座和人像两个部分，内部中空。人像基本采用写实手法，按真人的高矮、比例、动作塑造，同时对眼、耳及双手作了较大的夸张，以此强化人像超凡的一面。人像头戴高冠，脚戴足镯，赤足站立在方形怪兽座上，身穿窄袖和半臂式的三层衣，衣服纹饰繁复华丽，主要以龙纹为主，辅配鸟纹、虫纹和目纹等，身上还佩戴方格纹带饰。人像手部的造型非常独特，两臂略呈环抱状摆在胸前，双手手型环握中空，手中原或持有某种法器。有观点认为人像原或抱握献祭之象牙，或执握象征权威的金杖。对于其身份，学术界普遍认为其是古蜀国集神、巫、王三者身份于一体的领袖人物，是神权与王权最高权力的象征。

010 | 遇见三星堆

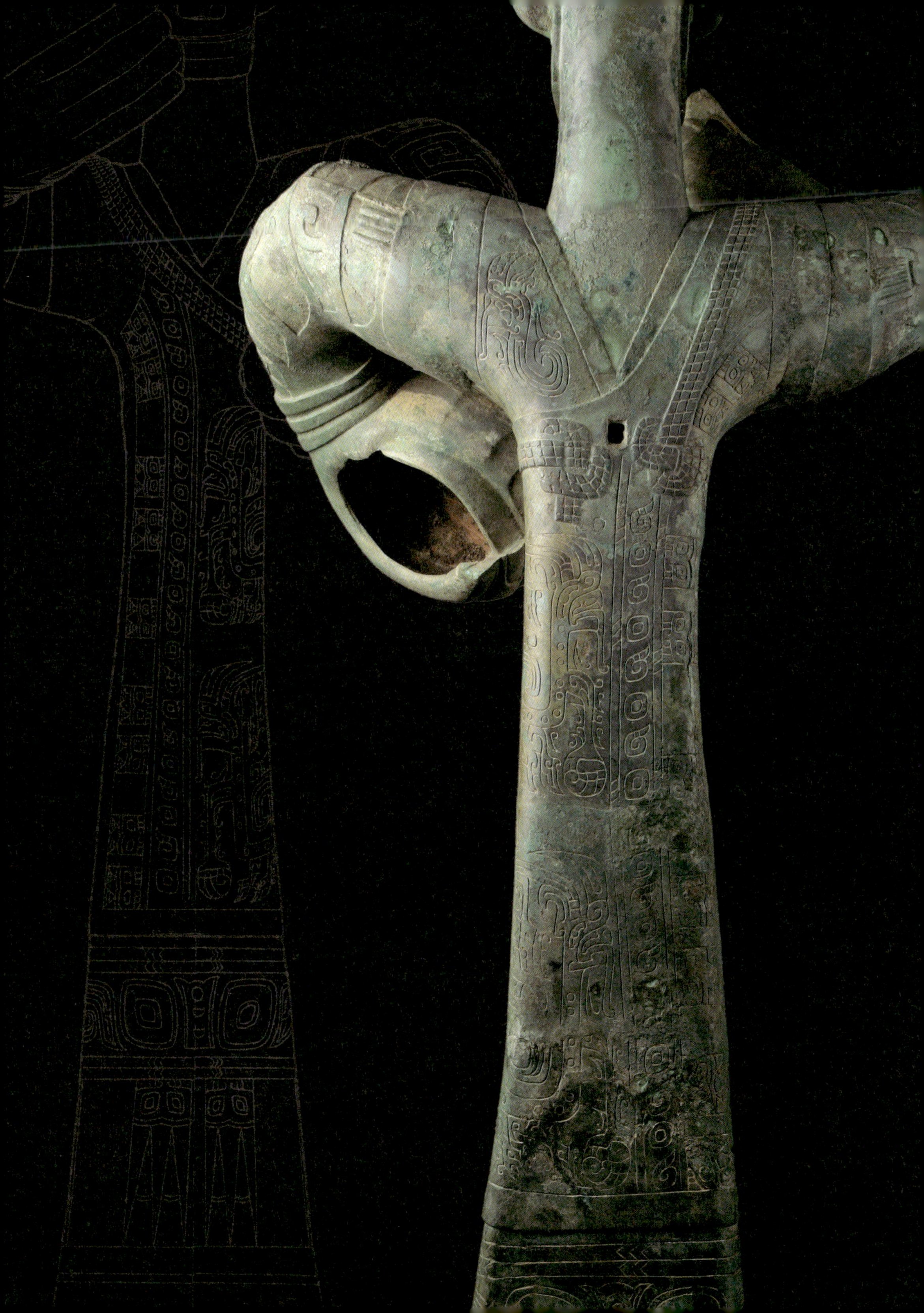

扫描欣赏
文物 3D 立体图

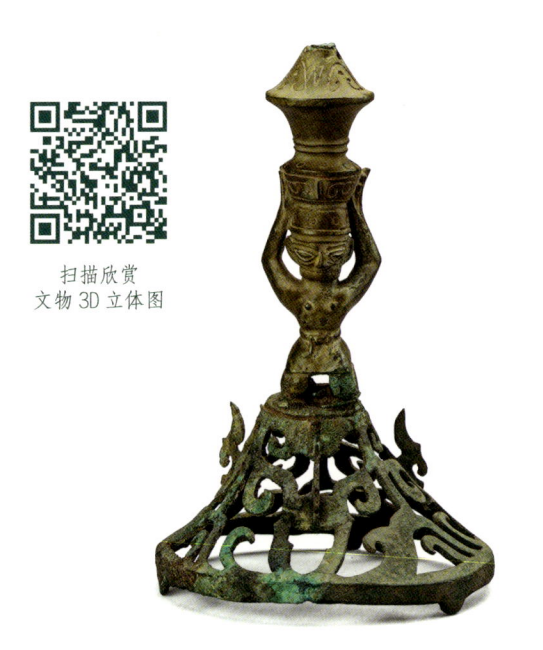

青铜喇叭座顶尊跪坐人像

商代晚期
高15.8厘米，底座直径10厘米
1986年三星堆二号坑出土

　　该器由山形座和跪坐顶尊人像两部分组成。人像头顶带盖铜尊，双手上举捧尊。表现的应是巫师在神山顶上跪坐顶尊以献祭神天的情景。因其乳头突出，故有观点认为该人像刻画的是女巫（女神）。顶尊跪坐人像也为我们展示了尊在古蜀国祭祀时的具体使用方式之一。

青铜持璋小人像

商代晚期
高4.5厘米，宽1.7厘米
1986年三星堆二号坑出土

　　此人像上身赤裸，下身着裙，腰间系带，双足未穿鞋袜，着装相当朴素，可能表现的是一般祭祀人员的形象。其姿态为跪坐祭拜状，两臂平抬，双手执握璋，是古蜀人以璋行祭的实物例证。

012　｜　遇见三星堆

扫描欣赏
文物3D立体图

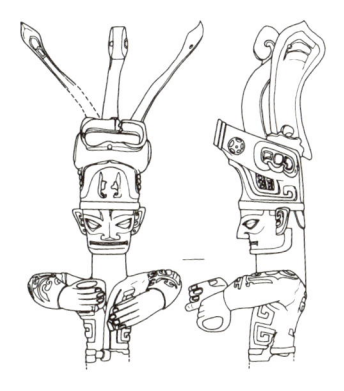

青铜兽首冠人像

商代晚期
残高40.2厘米，宽20厘米
1986年三星堆二号坑出土

人像下半身残缺，头戴兽形冠，身着对襟服，上饰云雷纹，两臂呈环抱状置于胸前，双手皆为执握中空手型。此像体态端庄，神情冷峻肃穆，整体造型力图表现人物的威武神秘，推测应是某种祭仪主持者的形象。

013

青铜跪坐人像

商代晚期
高13.3厘米，宽5.5厘米
1986年三星堆二号坑出土

此人像跪姿为侧跪式。人像身份或为巫祝，系祭祖或祀神仪式中的祈祷者形象。

青铜跪坐人像

商代晚期
高12.4厘米，宽5.8厘米
1986年三星堆二号坑出土

此人像跪姿为正跪式。人像很可能为古蜀国的中上层贵族形象。

青铜跪坐人像

商代晚期
高14.7厘米,宽8厘米
1986年三星堆一号坑出土

此人像为宽脸方颐,头发从前往后梳,再向前卷,上身穿右衽交领服,腰部系带两周,双手扶膝,左右手腕均戴手镯。双眼圆瞪,正视前方,张口露齿,神态严肃。表现的可能是祭祀祈祷的巫祝形象。

扫描欣赏
文物 3D 立体图

青铜人首鸟身像

商代晚期
长4.5厘米，宽3.9厘米，高12.1厘米
1986年三星堆二号坑出土

　　这件人首鸟身像原铸于小型铜神树树枝端部。该像为平头顶，戴面罩，脸形方正，大耳高鼻，双眼呈外凸状，与纵目面具的眼球造型相似。鸟身较短，双翼呈宽展状，尾羽作分叉向上下卷曲状。这种人首鸟身像除见于小型铜神树外，亦见于同坑出土的青铜神坛最上层四面正中部位。推测该像可能是"中央之神"并兼有太阳神神职的最高权威象征物。

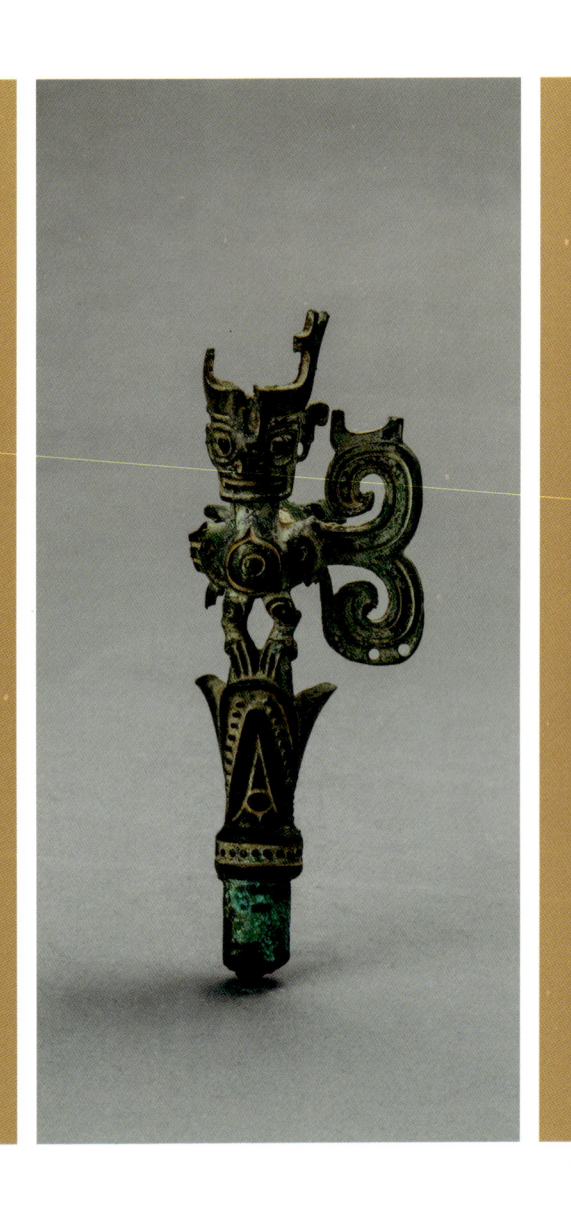

青铜人身鸟爪形足人像

商代晚期
高81.4厘米，宽19.8厘米
1986年三星堆二号坑出土

　　人像上半身及鸟的尾端残断无存，出土时裙裾及鸟身纹饰上均涂有朱砂。该器以嵌铸法将鸟爪形足与鸟头相铸连。人像下身着紧身短裙，裙前后中间开缝，饰几何形云雷纹，下摆饰竖形条纹。两腿健壮，双足鸟爪突出，攫鸟首而立。鸟形颇为抽象，大眼，鹰喙，颈细长，分尾。其造型表现的应是古蜀神巫作某种法事时的特殊装扮和特定法具。

三星堆一、二号坑共出土青铜人面具20余件，一号坑仅2件，均采用凹凸范铸造。较少锈蚀的器物上，尚能见眼眶、眼球及眉毛等的描黛痕迹。面具上黑眉、朱唇等涂彩手法的运用，不仅是追求一种视觉上的冲击力，还应具有某种巫术文化内涵。面具的两侧上下均有一铸造后凿出的方穿孔，多数额正中也凿出方穿孔。其方法是先錾出方框，然后凿穿。有的面具的方孔尚未凿穿，但錾痕和凿击的凹痕清晰可见。推测这些穿孔是在面具使用一段时间以后錾凿的，其目的或是为了在面具上安装其他附件，或者是将面具装配在神像上时，用于穿孔以便固定。

青铜人面具

商代晚期
宽60.5厘米，高40.3厘米
1986年三星堆二号坑出土

按器物的大小和造型的不同，二号坑铜人面具可分为四型。这件面具属整体铸造，器型完整。在铸造时，多处使用了垫片。面具方正厚重，颐部平宽，强化了与其长度大体相等的长唇线的冷峭之气；与粗眉、立眼及蒜头鼻等造型相呼应，表现了一种阴沉冷峻的精神气质。面具出土时，口缝中尚涂有朱砂，可知原为朱唇。

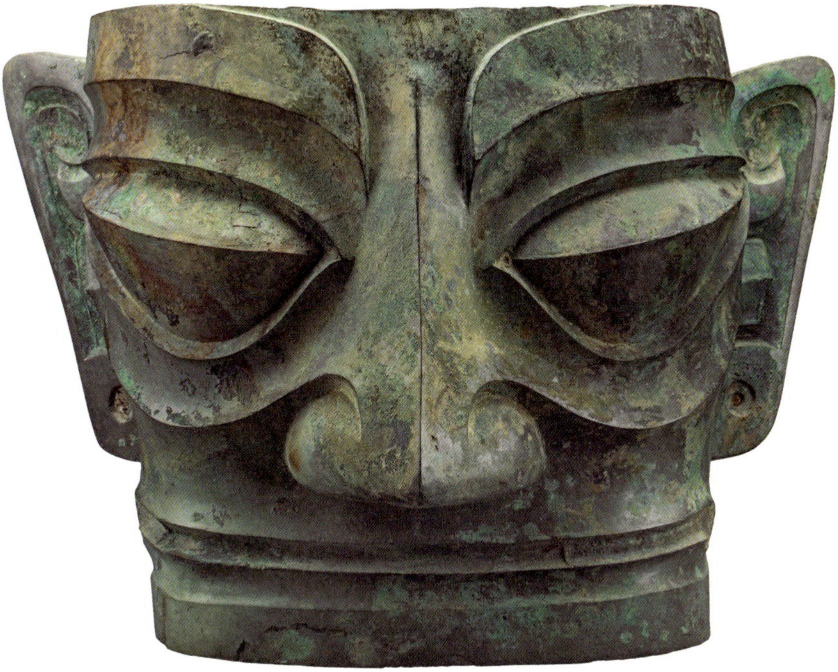

青铜人面具

商代晚期
长40.8厘米,宽27厘米,高26厘米
1986年三星堆二号坑出土

  该面具形体厚重。左后侧被砸向内折卷,左额有两处砸击痕迹,面具整体一次铸成,耳中空,内存范土。眉部及眼眶用黑彩描绘。

青铜人面具

商代晚期
长20.5厘米,宽13.9厘米,高15.3厘米
1986年三星堆二号坑出土

该面具面部上宽下窄,眉梢上绘黑色,前额两侧及下颌后缘各有一小穿孔。

青铜人面像

商代晚期
长9.3厘米,宽7.4厘米,高3.7厘米
1986年三星堆一号坑出土

该面具上缘为"V"形,宽脸圆颔,粗长眉,大眼,尖鼻,阔口紧闭,云雷纹小耳,耳廓较圆,耳垂有穿孔。与二号坑出土的大量造型手法成熟的青铜面具相比,其造型手法较为古拙。

青铜戴冠纵目面具

商代晚期
长77.4厘米，宽55厘米，高82.5厘米
1986年三星堆二号坑出土

　　纵目面具共三件，均出自二号坑。造型大体相同，耳、眼采用嵌铸法铸造，按照大小可分为两型，A型2件，B型1件。该面具为A型，双眼眼球呈柱状外凸，向前伸出约10厘米，双耳向两侧充分展开。额铸高约70厘米的夔龙形额饰。该面具出土时，尚见眼、眉描黛色，口唇涂朱砂。整体造型意象神秘诡谲，风格雄奇华美，在三星堆各类人物形象中颇为突出。联系夔龙形额饰的造型，纵目面具的造像依据很可能与蚕丛、烛龙的形象都有关系，推测其身份应是古蜀祖先神造像。

扫描欣赏
文物3D立体图

青铜纵目面具

商代晚期
长138厘米，宽85厘米，高66厘米
1986年三星堆二号坑出土

　　该面具为B型，体量巨大，轮廓突出，五官夸张，双目内各有一条长16厘米的外凸圆柱。因为双目和耳朵的夸张造型，这件面具也被戏称为"千里眼，顺风耳"。超现实的造型使得这尊造像透露出神秘静穆、威严正大之气，仿佛威凌八方，给人以强烈威慑感。我们倾向于认为这件面具既非单纯的人面像，也不是纯粹的兽面具，而是一种人神同形、人神合一的意象造型。巨大的体量、极为夸张的眼与耳都是为强化其神性，它应是古蜀人的祖先神造像。

三星堆遗址二号坑共出土9件铜兽面具，器形为薄片状，少数兽面的眼、额、口部尚可见到描绘的黑彩，可分为A、B、C型。兽面的造型并不是单纯仿拟自然界某种兽类的形象，而是夸张变形，其实质是一种观念性的神兽形象。先民将这种相貌凶猛威严的神兽作为辟邪除患的神物加以崇拜，旨在祈福禳灾。值得一提的是，大眼睛是三星堆铜兽面的典型特征，是各型兽面的视觉中心，与三星堆各种眼形器物相呼应，成为凸显神性的重要符号。

青铜兽面

商代晚期
高19.1厘米，宽29.6厘米
1986年三星堆二号坑出土

该铜兽面为A型。兽面呈夔龙形向两面展开，龙尾上卷，长眉直鼻，夔龙形耳朵，双眼硕大，方颐阔口，龇牙咧嘴，形象狰狞诡谲。

遇见三星堆

青铜兽面

商代晚期
高20.4厘米，宽23.4厘米
1986年三星堆二号坑出土

该铜兽面为B型。与A型兽面相比，不同之处在于颔下增加了一对相向的夔龙以承托兽面。

青铜兽面

商代晚期
长28厘米，宽12厘米
1986年三星堆二号坑出土

该铜兽面为C型，造型较A、B型两型简略。兽面无耳，鼻部简化为无鼻翼的直线，与阔口中部相连。牙齿非铸出，而是用黑彩在口缝中直接勾画而成。兽面也是由一对夔龙相向构成，但眼形与A、B型的表现形式迥然不同。外侧眼角直达龙尾端，颇富逸趣。

三星堆一、二号坑共出土铜人头像57件，其中一号坑出土13件，二号坑出土44件，包含4件戴金面罩人头像。两坑所出铜人头像共分六种类型，各型又分两种或三种亚型。

　　一号坑出土人头像分三型。A型造型风格较写实，其头顶子母口原应套接有顶饰或冠饰，据写实程度的不同又分两种亚型。B型为平头顶，其顶盖与颅腔分铸，面部似戴面罩，依其面部造型及发式差异，大致分三种亚型。C型则为一件似戴双角形头盔并戴有面罩的头像。二号坑也分三型。A型为一件圆顶戴帽箍头像。B型为平头顶，分平顶编发与平顶戴冠两种亚型。该型绝大多数人头像的头顶盖与颅腔的构合方式系采用分铸法铸造。这一类型的人头像颈部都比较粗壮，面部特征大体相同：下颌部位方整，粗眉立眼，鼻型为蒜头鼻。C型为2件圆头顶人像，分戴发簪和椎髻二亚型，均采用浑铸法铸造。

　　比较两个坑出土的铜人头像的雕塑艺术风格，总体上来说：一号坑的人头像写实性要强一些，五官与神态刻画均能因类赋形，表现出不同的个性气质特征；二号坑的人头像则转向意象化，并具有明显的模式化特征，成为一种观念性的宗教艺术图像。

青铜人头像

商代晚期
高24.5厘米，宽17厘米
头纵径13.2厘米，横径13.2厘米
1986年三星堆一号坑出土

　　该人头像的造像手法已渐离写实风格。其头顶子母口上各有两小圆孔，可能原来套接有头饰或冠。脑后发际线清晰可见。其正面形象为上宽下窄的倒梯形脸，粗眉立眼，直鼻阔口，下颌宽圆，双唇紧闭，显得端庄静穆。几乎所有的三星堆青铜人像耳垂都有穿孔，可能是用来挂戴的装饰品。

青铜人头像

商代晚期
高45.6厘米,宽17厘米
头纵径16厘米,横径12.5厘米
1986年三星堆一号坑出土

　　该件人头像为圆头顶,似戴有双角形头盔和方形面罩,头盔下有头套将颈部蒙住,仅露出后脑勺。后脑勺处有一凹孔,原应插有发笄或其他饰物。长方脸,斜直眉,三角形立眼,高鼻梁,双唇紧闭,嘴角下勾,神情严肃威武,虎虎有生气。

青铜人头像

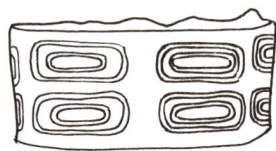

商代晚期
高34.8厘米，宽20.7厘米
头纵径13.7厘米，横径10.6厘米
1986年三星堆二号坑出土

该件人头像为平顶戴冠，其顶盖与头像分铸，顶盖已脱落无存。人像所戴头冠为回字纹平顶冠，脑后发际线较高。面容消瘦，双眉似蹙，表情凝重，有威严之气。

青铜人头像

商代晚期
高13.6厘米，宽13.3厘米
头纵径7.3厘米，横径7.4厘米
1986年三星堆二号坑出土

该人头像为圆顶戴帽箍，脑后及颈后有被捶打的痕迹。头顶盖和颅腔分铸。头顶圆，戴辫索状帽箍，短发，宽额，脸瘦削，刀眉栗眼，蒜头鼻，耳廓丰厚。人像头顶的辫绳状装饰可能是头戴的帽箍或是将发辫挽在头顶上，这与今天四川一些地方的人缠绕头巾的形式相似。

扫描欣赏
文物 3D 立体图

青铜人头像

商代晚期
高29厘米，宽20.6厘米
头纵径18厘米，横径15.4厘米
1986年三星堆一号坑出土

该人头像头部为字母口形，原应套接顶饰或戴冠。其杏状立眼，蒜头鼻，高鼻梁，阔口紧闭，下颌宽圆，脸部丰腴光润，面部表情温和，是三星堆出土青铜头像中最具写实风格的一件。一般认为，该头像很可能是古蜀国女巫的形象。

青铜人头像

商代晚期
高51.6厘米,宽25.3厘米
头纵径18.3厘米,横径14.6厘米
1986年三星堆二号坑出土

该件为戴发簪的头像,采用浑铸法铸造,圆头顶,面部似戴有面罩,头上似戴头盔。脑后用补铸法铸有发饰,似戴蝴蝶形花笄,中间用宽带扎束,两端有套固定发饰。蒜头鼻,阔口,眉、眼描黛,耳孔、鼻孔、口缝均涂朱。一般认为,这种戴发簪人头像的地位应比一般平顶人头像高。

青铜人头像

商代晚期
高40.4厘米，宽21.2厘米
头纵径15.2厘米，横径13厘米
1986年三星堆二号坑出土

  该人头像为平顶辫发，头发向后披，发辫垂于脑后，上端扎束。头顶补铸，直鼻，鼻翼微圆，眉毛、眼眶及发辫、发饰上均有黑彩痕迹，口缝留有朱砂。

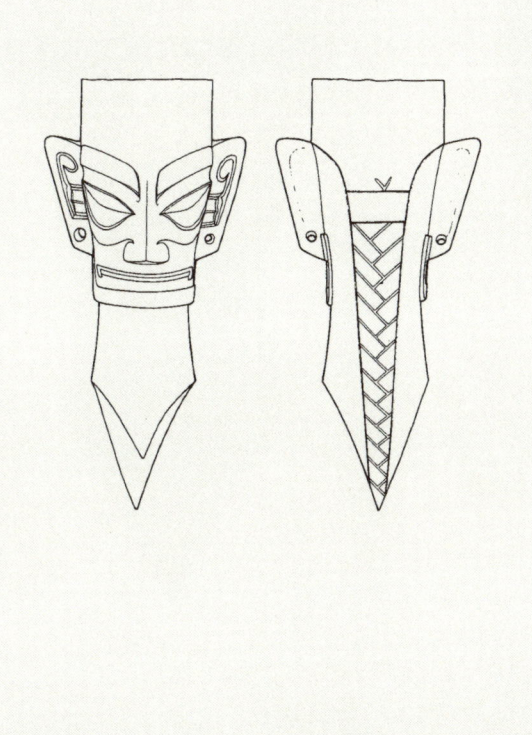

031

扫描欣赏
文物 3D 立体图

戴金面罩青铜人头像

商代晚期
高42.5厘米，宽20.5厘米
头纵径14.5厘米，横径12.6厘米
1986年三星堆二号坑出土

032　｜　遇见三星堆

戴金面罩铜人头像均出自二号坑，共4件，分平顶和圆顶两型，均由铜头像和金面罩两部分组成，其造型与未贴金面罩的同类人头像基本相同，大小与真人比例相仿。人头像所戴金面罩是用金块捶拓成金皮，然后依照人头像造型，上齐额，下包颐，左右两侧罩耳，眼眉部分则镂空露出铜质。三星堆青铜人头像上包贴金面罩，说明当时古蜀人已视黄金为尊。作为常设于宗庙的祭祀神像，在其面部饰以黄金，目的并非仅仅为了美观，应是在宗教祭祀活动中具有特定的功用和文化意义。估计是用来娱神以使神更加灵验，同时也当是高贵、权威的身份地位的象征。

戴金面罩青铜人头像

商代晚期
高51.6厘米，宽19.6厘米
头纵径17.6厘米，横径15厘米
1986年三星堆二号坑出土

除了令人瞩目的青铜人像器群外，动植物造型类青铜制品也是三星堆青铜器群中最为典型的代表器物之一。其类型丰富，品种数量巨大，有小至1~2厘米的怪兽，也有高达近4米的神树，主要造型有神树、龙、蛇、鸟、鸡、各种昆虫挂饰、植物挂饰以及青铜容器上的牛、羊等。

1号铜神树

商代晚期
最大径140厘米，高396厘米
1986年三星堆二号坑出土

铜树由底座、树和龙三部分组成，采用分段铸造法铸造，使用了套铸、铆铸、嵌铸等工艺，高396厘米，树干顶部及龙身后段略有残缺。迄今为止，三星堆1号神树是我国所见的全部青铜文物中形体最大的一件，其造型独特、巧夺天工，令人叹为观止，关于其内涵，学术界有不同的认识，认为此树或是扶桑与若木，是"十日"神话的实物写照；或是建木，具所谓"登天之梯"的性质；或是"社树"，具立杆测影以定时刻之功能；或是多种神树的复合型产物，具综合性的特征与功能。我们倾向于认为，铜树反映的是"十日"神话，与传说中的"扶桑""建木""若木"等神树极有关系，是古蜀人心中的宇宙树，反映了古蜀人的太阳崇拜、通天思想和原始的宇宙观。

035

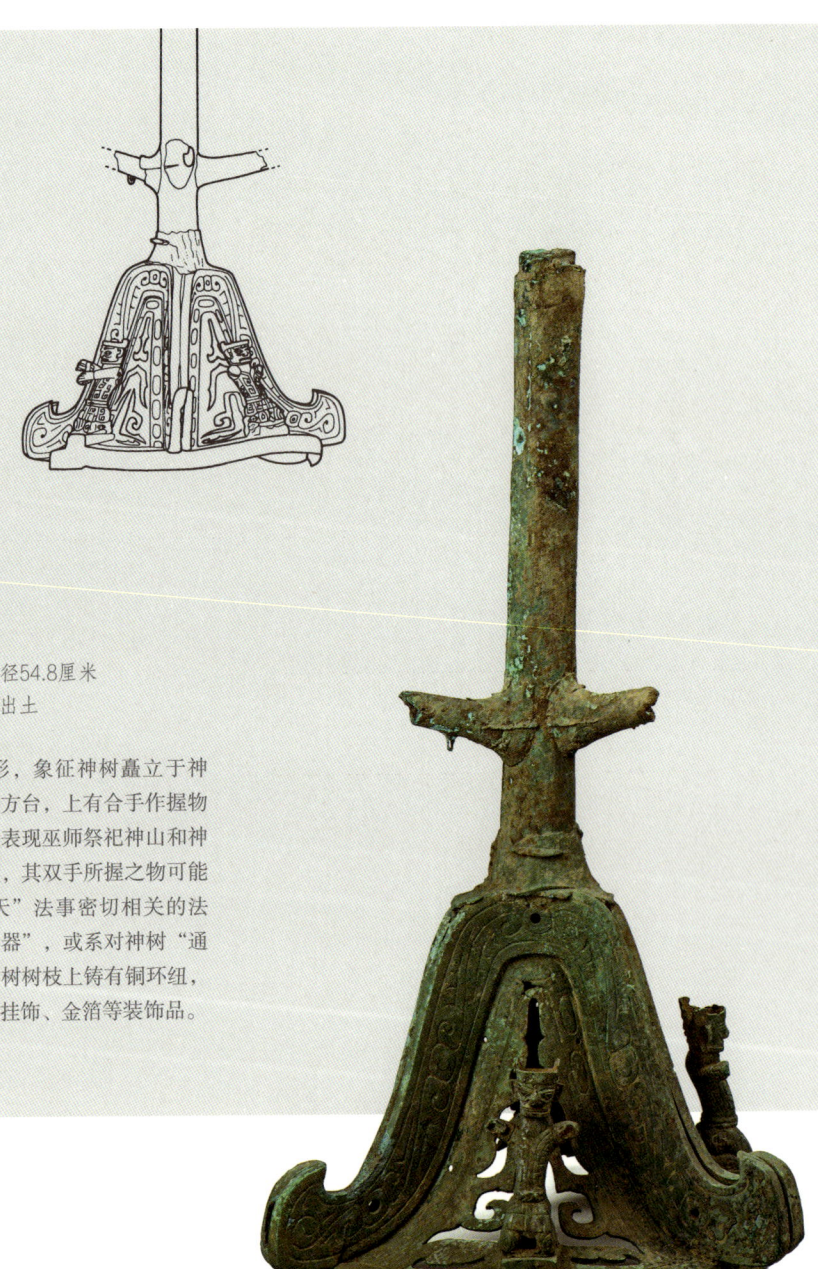

2号铜神树

商代晚期
残高94厘米，底座直径54.8厘米
1986年三星堆二号坑出土

　　神树底座为山形，象征神树矗立于神山。底座三面各铸一方台，上有合手作握物状的跪坐人像，或是表现巫师祭祀神山和神树、作法登天的情境，其双手所握之物可能是璋或其他与"通天"法事密切相关的法器。树干上套"璧形器"，或系对神树"通天"功能的强调。神树树枝上铸有铜环纽，估计原挂有铜铃、铜挂饰、金箔等装饰品。

三星堆青铜挂饰类器物包括铜铃及圆形、龟背形、扇贝形、箕形挂饰共五种，均出土于二号坑。铜铃共有43件，分9种类型。其造型既有几何形，也有仿拟动植物形态的。铜圆形挂饰共30件，龟背形挂饰32件，扇贝形挂饰48件，箕形挂饰2件。虽属同类器物，但形式变化多样，足见匠心。从出土情况得知，这一大批铜铃、挂饰是和铜挂架组合在一起使用的。组合形式为：铃挂架中央悬挂铜铃，附配的挂饰则悬挂在挂架架圈的挂纽上。每个挂架上悬挂相同形制的挂饰。有学者推测，这些配置成套的铜挂架、铜铃及挂饰，可能多是青铜神树上悬挂的装饰物。

铜铃

商代晚期
长8.5厘米，高7.7厘米
1986年三星堆二号坑出土

　　铜铃横断面呈椭圆形，口部呈喇叭状。铃两面呈虎头状，虎口大张，露六方齿，二獠牙互相咬合。

鹰形铜铃

商代晚期
长20.7厘米，高14.3厘米
1986年三星堆二号坑出土

　　铜铃造型像一只蹲伏的鸟形，尖尖的勾喙，圆圆的大眼，身有羽翼，铃中间活动的铃舌做成獠牙状。鸟额上铸有圆拱形纽，纽上套"8"字形链环，系作悬挂之用。当铜铃发出响声时，铃声与铃形相配，给人以如闻鸟鸣的感受，可谓颇富巧思、生动有趣。

扇贝形铜挂饰

商代晚期
高9.2厘米，宽6.9厘米
1986年三星堆二号坑出土

挂饰平面略呈椭圆形，背部五道圆弧形脊棱呈昆虫羽翅状形式布列，其上满饰三角目云纹。参考两侧带翼的扇贝形素面铜挂饰与两侧出尖角、后部带羽尾的扇贝形素面铜挂饰，推测这件挂饰的造型与脊棱处理手法，很可能确实是从某种昆虫的外部形态上得到启发，抑或就是以这种抽象形式表现某种昆虫。

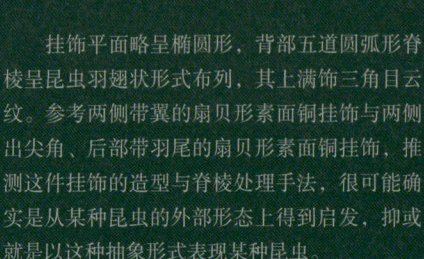

兽面纹铜铃

商代晚期
高7.35厘米，宽8.8厘米
1986年三星堆二号坑出土

铜铃正面呈梯形，横断面呈长椭圆形，两侧铸宽而薄的翼，顶上的半圆形纽系作悬挂之用。铃两面均饰兽面纹，内以朱砂填涂。

铜铃

商代晚期
高12.5厘米，宽6厘米
1986年三星堆二号坑出土

　　铜铃造型宛如一朵盛开的喇叭花，铃顶部为花托。铃桶上部表现的是花之子房，其上环饰以波曲形纹；下部四花瓣上又满饰联珠纹，柱状铃舌下端为花蕊形。整器造型优美，装饰花纹的布列形式体现出明显的秩序意识。在古蜀人的眼里，这一仿拟自然植物的铜铃，当不只具审美价值，而应如铜神树上的"天花地果"一样，带有神异的色彩。

039

青铜眼泡

商代晚期
长4～11.5厘米，宽3.6～10.2厘米
1986年三星堆二号坑出土

　　三星堆共出土青铜眼睛形器71件，均出自二号坑，包括菱形眼睛形器29件、钝角三角形眼睛形器23件和直角三角形眼睛形器19件。另有大小青铜眼泡共33件，也出自二号坑，因凸起的眼泡与青铜纵目面具上的眼球造型近似，推测可能是神像眼部的铸接饰件。此外还有青铜眼形饰5件，外形与兽面青铜面具等器物的眼睛形状类似。三星堆遗址出土的大量铜眼形器表明，"眼睛"是古蜀人特别崇拜的对象，在古蜀人心中颇具神性。金沙遗址出土的一定数量的铜眼形器进一步证明了古蜀人崇拜眼睛的文化观念传承不息。

青铜眼形器

商代晚期
长28.8~57.2厘米,宽12.5~23.5厘米,厚0.2~0.3厘米
1986年三星堆二号坑出土

三星堆遗址出土了各种质地的鸟类造型数以百计。它们大多属于一些器物上的附件，仅是各种大、中、小型神树上的立鸟就有一大批，还有许多尚不明其用途的鸟形饰件。总体来看，三星堆铜鸟造型样式丰富，表现手法多数为意象造型，部分表现出写实倾向。三星堆遗址中造型各异、数量众多的"鸟群"，充分反映了古蜀人的鸟崇拜，也有学者认为可能还反映出其与东方部族的渊源关系。

青铜大鸟头

商代晚期
高40.3厘米，横径19.6厘米，纵径38.8厘米
1986年三星堆二号坑出土

在三星堆全部鸟类造型文物中，青铜大鸟头是形体最大的一件。出土时，勾喙、口缝及眼珠周围皆涂有朱砂。鸟颈部下端有三个圆孔，当作固定之用。此器可能是神庙建筑上的装饰物，也有可能是安装于某种物体之上，作为仪仗用途的象征标志。

青铜鸟

商代晚期
宽15.4厘米，高27.7厘米
1986年三星堆二号坑出土

　　青铜鸟鸟身修长，鸟冠及尾羽残断，鸟昂首向前，大眼尖喙，立于圆座上。圆座顶微隆，腰部内凹处有4个圆孔，下端为圆箍状，中空。估计铜鸟原可能是套接在某器物顶部的装饰物。

青铜鸟

商代晚期
宽19.2厘米，高34厘米
1986年三星堆二号坑出土

　　青铜鸟双眼浑圆，鸟喙长而尖，羽翅较小，尾羽长垂。鸟冠羽硕大，有如一排迎风招展的旌旗。鸟头、鸟颈与前胸所饰鱼鳞状羽纹及腿部外侧所饰卷云纹精细繁密，与鸟体弯曲的造型相呼应，呈现出典雅庄重之美。

扫描欣赏
文物 3D 立体图

青铜龙柱形器

商代晚期
高41厘米，宽18.8厘米
1986年三星堆一号坑出土

  该器整体由三个部分组成，下方的圆柱、侧面的蜷曲纹饰以及趴在圆柱上方的一只"龙"。龙的头部挺立在器物顶端，身体的后半部分呈扁平状贴附在圆柱后侧，下方的圆柱内部中空，推测此器是套在某件圆柱形器物上的附件。该器的龙造型较为怪异，头部似羊头，并饰山羊式犄角和胡须，可谓颇具地方文化特色的早期龙形象之一。

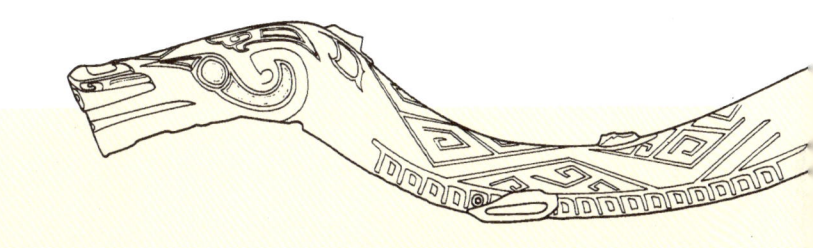

青铜蛇

商代晚期
头残长54.5厘米，身残长35.3厘米，尾残长21.5厘米
1986年三星堆二号坑出土

此为三段残件，无法拼接复原。其采用分段铸造法制成，铸件之间有铆孔，分段铸成后，再铆嵌连接成形。蛇体形硕大，颇具写实风格。身上饰菱形纹和鳞甲，头顶和背部有镂空的刀状羽翅，可能是表意其飞行功能。从蛇颈下和腹部的环纽看，估计是挂在某种物体上作为神物膜拜。

铜鸡

商代晚期
长10厘米，高14.2厘米
1986年三星堆二号坑出土

铜鸡尾羽丰满，引颈昂首，气宇轩昂，胸部宽深向前突出，姿态雄壮，每处羽毛刻画细致精美，腿脚粗健，铸立于"门"字形方座上。此件铜鸡造型极为写实，与三星堆超现实的各类青铜造像截然不同，体现了古蜀人高超的写实技艺。

铜虎形器

商代晚期
圈足径7.8厘米，虎身长11.5厘米，残高11厘米
1986年三星堆一号坑出土

　　虎身肥硕，作圆圈形，四足立于一圆圈座上。虎眼圆瞪，大耳尖圆，昂首竖尾，龇牙咧嘴，形象凶猛。估计圆形中空的虎身内，原来可能套有某种材质的柱形器。

铜怪兽

商代晚期
长7.2厘米，宽5.5厘米
1986年三星堆二号坑出土

　　头似鹿，粗颈，立耳，有双角，角残。前胸宽厚，腰身细长，后臀肥硕。蹄似马蹄，尾粗大，上下分尾。该怪兽应是综合多种动物特征的复合型造像，是古蜀神巫文化中的神物。

铜虎

商代
长44厘米，宽13.04厘米
1981年三星堆遗址采集

铜虎巨头立耳，张口露齿，昂首怒目，虎尾下曳，尾尖翘卷。一面微拱呈半浮雕状，光素无纹；另一面全身铸有虎斑纹凹槽，槽内由小方块绿松石镶嵌填充平整。铜虎前后腿部拱面有半环纽，应是用以套穿绳线或铜丝，以便悬挂。

铜牌饰

商代
长12.8厘米，宽6.7厘米
1987年仓包包出土

铜牌饰形制呈盾牌状。两侧有对称的两对半圆形穿纽，应是作系挂之用。牌面装饰图像为几何形树，中为树主干，枝杈斜出。枝杈间成对相连的圆圈纹可能表现的是果子，枝干上的勾云形纹饰可能表现的是叶芽。图案空隙中镶嵌绿松石碎片，显得精巧美观。铜牌正面与背面分别留有线织物印痕和竹编印纹痕迹，估计是捆系在某种织物上的饰件。

青铜人身形牌饰

商代晚期
长45.7厘米，宽17.5厘米
1986年三星堆二号坑出土

此器上部如穿衣袍的人身，下有双腿，腿前内凹，下端饰凸弦纹。器身满饰图案，主题纹饰为两组倒置的变形鹳鸟纹。上组为两鹳鸟，下组为三鹳鸟，布列紧密，鸟喙长及等身，风格奇异。该器所饰鸟纹应与古蜀鸟崇拜有关。

青铜太阳形器

商代晚期
阳部直径28厘米,高6厘米,直径85厘米
1986年三星堆二号坑出土

　　二号坑中一共出土了6件太阳形器,均被焚烧和砍砸过,该件是其中比较完整的一件。从造型上看,这件器物很可能反映了三星堆人对太阳的崇拜,器物中间凸起的圆形象征太阳本身,从中心向外延伸的五条直线,象征太阳射出的五道光芒,最外面的圆圈则代表了日晕。此外,在器物中心和外侧的晕圈上一共分布有5个小圆孔,应该是用来将这件器物固定在一些举行宗教仪式的场所中,供人膜拜。

青铜神坛（研究性复原）

商代晚期
残高53.3厘米，残宽26厘米
1986年三星堆二号坑出土

　　三星堆二号坑共出土3件铜神坛，均因被火燎而残损，仅一件尚能清楚地了解全器基本构造：由顶部方斗形建筑、中部的立人座、立人及其冠顶山形座以及底部的圈足与两怪兽构成。从图像意义上来说，三星堆铜神坛自上而下竖向垂直展开的时空序列象征"三界"：下层头尾顶承大地的怪兽象征地界；中层作祭祀通神状的立人与神山象征人界；最上层的人首鸟身神、四方众神等则构成天界图景。神坛充分体现了古蜀人的精神世界，是古蜀宗教理念、政治原则、宗庙建筑等诸多文化要素、信息的集结代表物。

青铜尊

商代晚期
高45厘米，口径42.6厘米
1986年三星堆二号坑出土

　　此器肩外缘有三个卷角羊头，与三立鸟相间，羊头两角之间也有一立鸟。肩部饰象鼻龙纹，地纹为双勾云雷纹。腹部主纹为双夔龙组成的兽面纹，两侧有以扉棱为中轴的倒置的兽面纹，地纹为双勾云雷纹。圈足上部有一周凸弦纹，其下主纹为虎耳龙纹组成的兽面纹，两侧有以扉棱为中轴的倒置的兽面纹，地纹为双勾云雷纹。

扫描欣赏
文物 3D 立体图

青铜龙虎尊

商代晚期
残高43.3厘米，肩径32厘米，口径29厘米
1986年三星堆一号坑出土

　　器肩上所铸高浮雕的三龙呈蠕动游弋状。龙头由器肩伸出，龙角为高柱状造型，龙眼浑圆，身饰菱形重环纹。尊腹部为三组相同的花纹，主纹均为高浮雕的虎与人。虎颈下铸一人，人头上对虎口，人物曲臂上举，两腿分开下蹲。这与商代人虎合体卣的图像很相似。这种主题的图像可能是表示人对虎的崇拜，并希望由此获得虎的力量，体现了人与自然的结合。该铜尊出土时，器内装有经火烧过的玉石器残片、海贝和铜箔饰件等，说明铜尊入坑前曾作盛物献祭之用。这种具有明显中原色彩的商代铜尊在安徽阜南等地也有发现，是从类型学上确定一号坑年代的重要标尺之一。

青铜罍

商代晚期
高35.4厘米，口径20.1厘米
1986年三星堆二号坑出土

器型略显瘦高，方唇窄沿，器口与器颈、腹部皆平直，近底处弧形内收，圈足稍外撇。颈部饰三周凸弦纹，肩外缘补铸四个卷角简化羊头。肩部、腹部及圈足上各有四扉棱，上下对应，将纹饰四等分。肩部与腹部上沿饰象鼻龙纹，腹中部主纹兽面纹的正中起一浅凸棱；主纹两侧是以扉棱为中轴的倒置兽面纹，其下为目云纹饰带。圈足饰双列式目纹。其与1987年湖北沙市近郊出土的一件铜罍的形态特征极为相似，颇具研究价值。

青铜罍

商代晚期
高54厘米，口径26厘米
1986年三星堆二号坑出土

　　这件铜罍器型瘦高。斜沿，直颈，斜肩微弧，直腹，近器底处呈弧形内收，高圈足。铜罍肩上所铸四立鸟与腹部四扉棱、圈足四扉棱上下对应，将全器纹饰四等分。肩、腹及圈足纹饰的地纹均为勾连云雷纹。肩部为象鼻龙纹，腹部上沿为㢟纹装饰带，其下主纹为卷角兽面纹，主纹两侧是以扉棱为中轴的呈倒置状的兽面纹。圈足主纹为虎耳兽面纹。铜罍肩外缘及器壁补铸四个呈立状的卷角羊头，与商文化中铜罍的牺首均紧贴于器肩相比较，颇能显出三星堆铜罍的地方特色。

遇 / 见 / 三 / 星 / 堆

天地之灵

玉石器

三星堆玉石器数量庞大，自1929年发现以来，出土玉石器已达上千件。这些玉石器种类繁多、造型精美、工艺精湛，与青铜器群交相辉映，共同构成了三星堆文明及其文化艺术的最高成就。

从质地上看，三星堆出土玉石器多属透闪石软玉，也有少量的蛇纹石和大理岩等。从功用看，三星堆玉石器主要功用为祭祀；从器型看，三星堆玉器以玉璋、玉戈、玉璧、玉环、玉琮、玉瑗等礼器领衔，其次是大量具有礼仪用途的玉兵器和玉工具，包括玉矛、玉斧、斧形器、玉刀、玉凿、玉锛、玉斤等，其中尤以玉凿为大宗，另有玉管、玉串珠、绿松石和琥珀坠饰等装饰品。

三星堆玉石器具有鲜明的地域特色和时代特征，有着深刻的文化内涵和超高的艺术成就，大量玉石礼器的出土反映出古蜀国已具有相当强盛的综合国力和与之相适应的较为完备的宗教礼仪制度。

璧是一种扁平圆形、正中有圆孔的器物，在新石器晚期就广泛出现于全国各地，是我国古代数量最多、延续时间最长的一种玉礼器。"以苍璧礼天"，璧最早是用作祭天的礼器，后来逐渐发展出较多形式，又有了彰显身份等级、随葬、装饰、信物等更多用途，是古代重要的祭祀礼器。三星堆遗址出土的璧数量较多，按材质可分为石璧形器和玉璧形器两类。

玉璧

商代晚期
直径17.7厘米，孔径6.7厘米，厚1.8厘米
1986年三星堆二号坑出土

　　该件玉璧出自二号坑的铜尊里。玉璧呈淡绿色，微透明。肉面平，周缘略呈圆棱形。肉两面有数组同心圆阴线纹，线条平，表现出极其高超的制玉水平。

玉戚形璧

商代晚期
长20.8厘米，宽9.7厘米，孔径4.5厘米，厚3厘米
1986年三星堆一号坑出土

　　该器形长而薄，两端呈圆弧形，一端宽，一端窄，中间有一圆孔，孔壁高高凸起，这是三星堆特有的器型。因形似古代的兵器——戚，故命名为玉戚形璧。也有学者认为，这是一种玉制的农具，称其为"玉锄"。

玉蜗旋状器

新石器时代晚期
长4.98厘米，宽4.82厘米，厚1.04厘米
1997年仁胜村墓地出土

　　玉蜗旋状器出自1997年仁胜村墓地，共6件。其形制基本一致，大小略有差别。全形略似蜗牛壳状，通体抛光。整器构型呈盘状内凹，另一面呈弧拱状。器中为圆孔，其成孔形式有单面钻孔和双面对钻两种，钻孔技术可能主要为管钻法。

059

大石璧

商代
外径69厘米，内径19厘米，厚5厘米
1929年燕家院子出土

　　三星堆出土的石璧数量多，体量大，最大的直径达70多厘米，小的直径只有两三厘米。有许多石璧出土时即是从大到小依次叠放，渐变排列，谨而有序，极具特色。

石璧

商代
直径3.6~8.4厘米，孔径1.3~1.79厘米，厚1.1~1.53厘米
1987年仓包包出土

> 琮，外形呈立方体，中穿一圆孔，有如一中空的圆筒套在方柱中，是古代重要祭祀礼器。三星堆遗址出土的琮形体偏小，造型简洁。

玉琮

商代
长8.4厘米，高7.1厘米，内径7.2厘米
1929年燕家院子出土

　　该件玉琮器身外方内圆，黄绿色，半透明。中空呈短筒形，两端凸出的射部较矮，呈环状。外边四方转角圆浑，每方外壁阴刻平行竖线2条，转角处上中下阴刻平行横线3组5条，与四方的竖线相交。此器为1929年当地农民燕道诚挖水沟时发现，1951年由燕道诚之子捐赠。

璋是中国古代最为重要的礼器之一，一般认为它的主要用途是祭山。玉璋是三星堆出土玉器中数量最多的器型之一，仅一、二号坑就有57件玉璋，其中一号坑出土玉璋40件，绝大多数被火烧后残断，二号坑17件，全部被火烧过。这些玉璋大多形制规整，线条流畅，通体抛光，按形制大体可分为三类，分别是玉牙璋、玉边璋和鱼形玉璋。玉牙璋，射端分刃开叉，射本部有锯齿状扉棱宽出，并伴有各种纹样的齿饰，底部呈长方形，整个器形线条优雅，制作精美。玉边璋射端斜刃，射部与邸部的边线基本平行，大致呈扁平的平行四边形状。鱼形玉璋，射部酷似鱼的身体，射端呈鱼嘴一样的叉口刃状，其余部分与牙璋类似，射本部两侧齿饰形式多样，底部呈长方形。鱼形璋是蜀地特有的器型，目前仅见于三星堆遗址和金沙遗址。

玉璋

商代晚期
长25厘米，宽7厘米，厚0.6厘米
1986年三星堆一号坑出土

器形呈窄长条铲形，射端部刃口呈凹弧形，黄褐色，侧面被火烧后呈鸡骨白色。器形较小，射宽大而邸窄长，前端宽薄，末端厚而窄，射两侧略内收。射端分芽开叉，多齿状扉棱向器身两侧充分展开，恍若张开的翅膀，美观漂亮。

063

玉璋

商代晚期
长46.6厘米，宽7.5厘米，厚0.72厘米
1986年三星堆二号坑出土

全器呈雾状黑色与黄褐色相间。射部一侧及邸部被火烧后呈鸡骨白色，两面较平，两侧平直各有8齿饰，齿较宽，齿沟窄且较深。

玉璋

商代晚期
长91.1厘米，宽12.1厘米，厚0.62厘米
1986年三星堆二号坑出土

器呈黑色，邸部被火烧后呈浅青黄色。体薄，两面平整，一侧因开料而略薄，两侧较直，通体磨光。射本部两侧有向内勾卷的云雷纹齿饰，中间每侧各有7齿饰。整器工艺较精，美观大方。

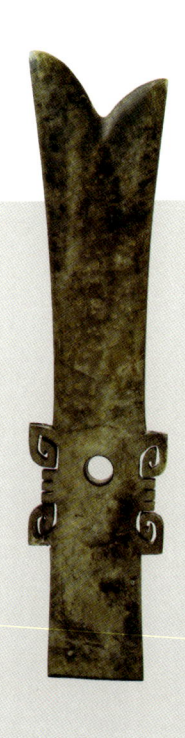

玉璋

商代晚期
长28.2厘米，宽6.2厘米，厚0.7厘米
1986年三星堆二号坑出土

全器呈灰绿色，局部呈薄雾状黑色，微透明，上有鱼鳞片状纹理，制作规整。器呈长条形，两面扁平，两侧较直，射本部两侧上、下组均有一组向内勾卷的云雷纹齿饰，中间两侧各有3齿饰。

玉璋

商代晚期
长29.5厘米，宽7厘米，厚0.56厘米
1986年三星堆一号坑出土

器形略小，形似戈，黑色，一面中部呈浅黄色。射两侧直，前端向中间斜收，呈三角形，端部由两面剡出一凹形叉口。射本部两侧各有三组齿饰。两面的两侧齿饰之间有一直径1.2厘米的圆穿孔，一面管钻。制作精致，邸方形，末端斜抹。

玉璋

商代晚期
长38.3厘米，宽8.1厘米，厚0.82厘米
1986年三星堆一号坑出土

器身呈鱼形，两面各线刻有一牙璋图案，在射端张开的"鱼嘴"中，镂刻有一只小鸟。鱼鸟合体的主题，寓意深刻，可能与古史传说中古蜀王鱼凫有关。该器制作精美，综合运用了镂刻、线刻、管钻、打磨抛光等多种工艺。在选材上，充分利用玉料的颜色渐变，随形就势以表现鱼的背部与腹部，可谓匠心独具。

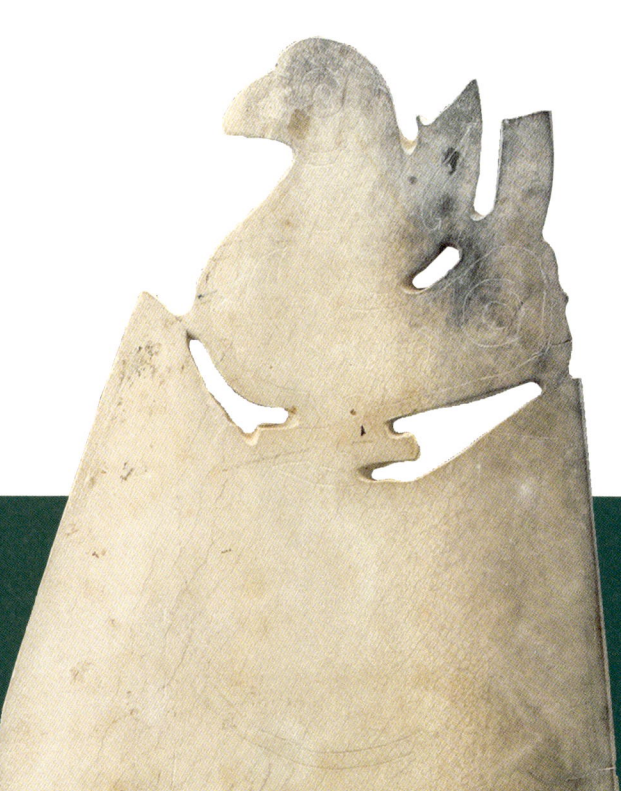

玉璋

商代晚期
残长162厘米，宽22.8厘米，厚1.46厘米
1986年三星堆一号坑出土

该件玉璋是一号坑中出土最大的一件玉器。其两端残缺，两侧平直，一面平，一面局部微凸，器身一面有纹饰，两端为阴线几何形纹带，中间是由四条平行线组成的网纹线；另一面为素面。此件玉璋两端的线刻纹饰与郑州白家庄商代墓葬出土的大玉戈上的纹饰相似，具有一定的比较研究价值。

祭山图玉璋

商代晚期
长54.2厘米，宽8.8厘米，厚0.8厘米
1986年三星堆二号坑出土

玉璋两面阴刻相同的图案。图案分上下两组，正反相对呈对称布局，每组纹饰包含山陵、牙璋、云雷纹和两排作祭拜状的人像。推测该图像表现的是隆重的祭祀场景，即所谓的"山陵之祭"。

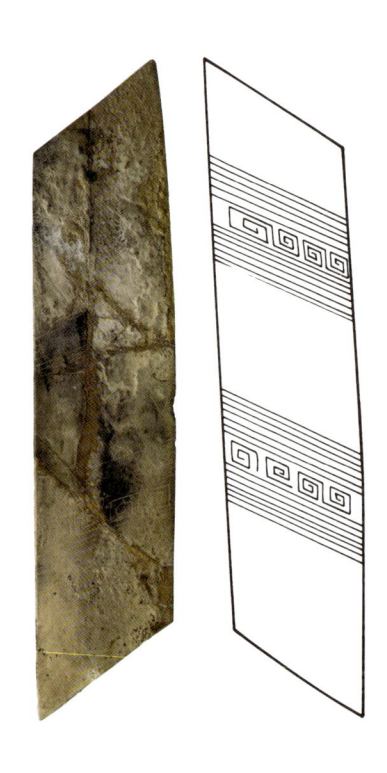

玉璋

商代晚期
长36厘米，宽8.1厘米，厚0.7厘米
1986年三星堆二号坑出土

全器被火烧后呈灰白色，残断，两面不平整，上有切料留下的台阶。两面各有两组纹饰，为平行线和带状几何云雷纹。

玉戈

商代晚期
长37厘米，宽9.4厘米，厚0.8厘米
1986年三星堆一号坑出土

此器形体宽大，援呈三角形，前端及两侧斜收成前锋和边刃。援中部有一中脊直贯前锋，中脊及刃部线条流畅。长方形的柄部中央有圆穿孔，可能是作固定之用。通体打磨。玉戈的形制风格与殷墟妇好墓出土的玉戈接近，反映了两地的文化交流。

戈是三星堆出土玉石兵器中数量最大的一类器物，一、二号坑出土玉戈39件。与中原同时期出土的玉戈相比，三星堆玉戈具有独特的风格，如平刃戈、细三角形无脊弧刃戈等，都是独有的器型。这些玉戈做工考究，制作精美，形体宽大，锋刃犀利，但均未见有使用过的痕迹，说明并非实战用的武器，而是在宗教仪式表演活动中用以壮声威的仪仗。

玉戈

商代晚期
长40厘米，宽10.2厘米，厚0.8厘米
1986年三星堆一号坑出土

此器形体宽大，援呈三角形。在援本部的两面正中阴刻有长方形的几何纹饰。全器呈黄褐色，上有流水状纹理，色调明快，线条流畅，通体打磨，制作精美。

三星堆出土的大量玉制兵器和工具均不是实用器，而是具备祭祀、礼仪等内涵。其所体现出的玉制化和礼仪化是三星堆晚期遗存的重要特点，它标志着等级观念和宗教形态已渗入玉器中，使其成为祭祀工具或等级权力的象征物。多种形制、多种用途的玉制兵器和工具的大量出现，反映出三星堆古蜀国已形成较为完备的宗教礼仪制度。

玉剑

商代晚期
残长28.5厘米，宽3.3厘米，厚0.68厘米
1986年三星堆一号坑出土

全器经火灼烧后呈鸡骨白色。剑身断裂成五段，前锋残断无存。剑身呈竹片状，腊部一面呈弧形下凹。茎扁，顶端残，茎上有一圆穿孔。

玉矛

新石器时代晚期
长6.9厘米，宽3.2厘米，厚0.5厘米
1998年仁胜村墓地出土

该件玉矛呈阔叶形，骹部残断。两面磨平，断面呈六边形，边刃较平。形体规整，制作精良，无锋利杀伐的实用特征与使用痕迹，应具有礼器性质。

玉斧

商代晚期
长20厘米，宽5.7厘米，厚0.85厘米
1986年三星堆二号坑出土

在二号坑中，玉斧仅此一件。形状略呈梯形，刃部较宽，为单面弧形刃。器身两侧平直，端部呈方形，中部有一圆穿孔。

玉锥形器

新石器时代晚期
长19.2厘米，直径2.4厘米
1997年仁胜村墓地出土

　　整器呈圆柱状，其形制与良渚文化墓葬中所出的同类器相似，应该是东南远古文化与成都平原新石器时代晚期至夏代的古文化之间存在某种形式的文化互动之实物例证。推测其在所属三星堆早期居民主体的文化约定中，其主要功能之一很可能是与地位及权势象征有关的礼器。

玉斤

商代晚期
高33.5厘米，刃宽5.7厘米，厚0.8厘米
1986年三星堆二号坑出土

　　此器为二号坑出土的唯一一件玉斤。器身为黑灰色，刃端略泛白。柄端被火烧后呈黑色。两面及两侧较平，柄两侧直，下部向刃端逐渐呈弧形宽出，单面圆弧形刃。

凿是三星堆出土玉制工具数量最多的器型，一、二号坑共有68件。一号坑出土玉凿多为边角余料的现成形状加工成型，再将一端磨出刃口，顶端则保留材料的自然断裂面，形制不规整。二号坑出土玉凿43件，绝大多数出自坑内的一件铜罍容器中，极有可能是奉献给神灵的祭品。

玉凿

商代晚期
长19.3厘米，宽2.5厘米，厚1.5厘米
1986年三星堆一号坑出土

该件玉凿顶端窄，刃端宽，弧形窄刃，是器形较规整，制作较为精致的一件。

琥珀坠饰

商代晚期
高5厘米，残宽3.9厘米，厚1.2厘米
1986年三星堆一号坑出土

此器一端残缺，器物略呈心形，两面阴刻纹饰，一面为蝉背纹，另一面为蝉腹纹。上端有一凹槽，凹槽中有一圆穿孔上下贯通。

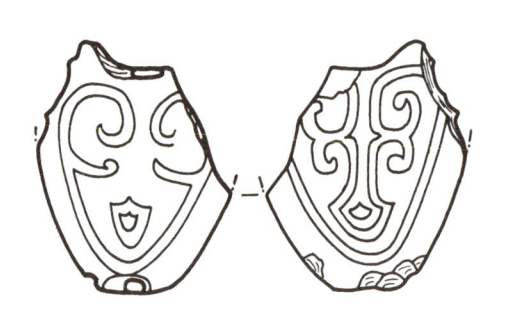

三星堆的玉石饰品主要有玉串珠、玉管、琥珀坠饰等。一号坑仅出土一件饰品，即琥珀坠饰，其余全部出自二号坑，其中玉珠、玉管大部分都出自一件铜罍中。玉石饰品用料考究。玉管和玉珠多采用碧玉为原料，温润光洁。与粗犷大气的玉石礼器相比，玉石饰品更显玲珑别致、婉秀朴雅。每一件饰品都精雕细琢，采用了雕刻、钻孔抛光等多种工艺。三星堆玉石饰品展现了古代蜀人的佩玉习俗和审美情趣，富有浓郁的生活气息。作为珍贵的装饰品，在祭祀活动中，玉饰也通常会被作为祭品奉献给神灵。

玉管

商代晚期
直径0.7~1.1厘米，长3~6.1厘米
1986年三星堆二号坑出土

此器出自铜罍，共10颗。碧玉质，有青灰、灰、灰蓝三种颜色。多数两端斜平，少数两端磨圆，其中两颗微弯曲，直径较小。

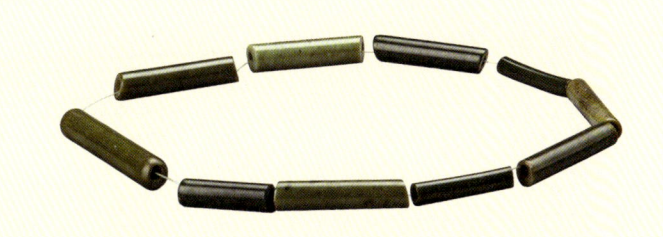

玉管

商代晚期
长1.7~4.85厘米，直径0.9~1.25厘米
1986年三星堆二号坑出土

此器出自铜罍，共15颗。碧玉质，有绿、浅绿、黄绿三种颜色。多数两端斜平。

玉串珠

商代晚期
直径0.7~1.1厘米，长0.8~1.7厘米
1986年三星堆二号坑出土

此器出自铜罍，共41颗。碧玉质，有灰、灰黑、灰白、绿四种颜色。多数为鼓形或长鼓形，少数为算珠形。

石蟾蜍

商代
长10.9厘米,宽6.65厘米,厚4.25厘米
三星堆遗址出土

　　该件石蟾蜍为扁头,两眼外凸,颈部有人字形双脊,背部密布圆凸点,腹微鼓,嘴部有两排整齐的牙齿,腿部残,造型朴拙而不失可爱。

石跪坐人像

商代晚期
残高11.3厘米，宽6.2厘米，厚8厘米
1986年三星堆第三发掘区出土

　　该跪坐人像发现于三星堆遗址西泉坎，石质较差，头部已损坏，轮廓较模糊。双腿跪坐，臀部坐在两小腿上，上身微向前倾，与金沙遗址出土的石跪坐人像造型相似。

遇 / 见 / 三 / 星 / 堆

陶然
升华

陶器

陶器是三星堆遗址出土数量最多的器型。截至2014年，三星堆遗址出土的陶器碎片多达数十万件，除了坑里的陶器，在整片遗址区都有大规模的陶器出土。

从制作工艺来看，主要采用轮制和手制相结合的方法，器形既规整又富于变化。从种类来说，其品种繁多，包括食器、饮酒器、盛贮器、炊器，以及各类作为摆件的工艺品等。其中既有用于生产、生活的实用性陶器，又有兼具工艺美术观赏性的摆件和用品。从纹饰来看，陶器的纹饰也十分丰富，主要有绳纹、弦纹、戳印纹、云雷纹、圆圈纹、附加纹等。

从出土器物的数量、品种和制陶技术来看，古蜀国的制陶业已经进入相当发达的阶段。

陶高柄豆

夏代
盘径18厘米，高46.1厘米
1980年三星堆地点出土

　　高柄豆是三星堆文化的典型器物之一。上部呈盘状，用以盛物，中部为管状的豆柄，中空，与喇叭形器圈足相通。高柄豆通常较高，最高者近一米。席地而坐的古蜀人，将盛满食物的高柄豆拎来拎去，随意放置，拿取食物非常方便，是一种设计巧妙的实用生活器皿。这件高柄豆的圈足上刻画有一只眼睛。三星堆文物中，眼睛的图案十分普遍，可能代表着某种特殊的含义。

陶三足炊器

商代
口径18.5厘米，高40.2厘米
1986年三星堆第三发掘区出土

三足炊器是三星堆文化特有的器型，因其有呈鼎立之势的三个袋状足而得名，足下可生火加热。袋状足中空，与口部相通，容水量很大，肩部宽大的敞口盘可盛水或置物。其独特的造型及硕大的形体极为罕见，类似现在使用的火锅炊器，有人认为这是古蜀蒸煮食物的炊器。

陶盉

夏代
长21厘米，宽18厘米，高47.5厘米
1980年三星堆地点出土

陶盉是三星堆遗址出土数量较多的一种陶器。器顶有一半圆形口，器身微束，一侧有一宽扳。有三个中空的袋状足与器身相通，既可以增加容量，又方便生火加温。陶盉是一种温酒器，三星堆遗址出土了大量的酒器，说明当时的农业生产比较发达，已有剩余粮食用于酿酒。

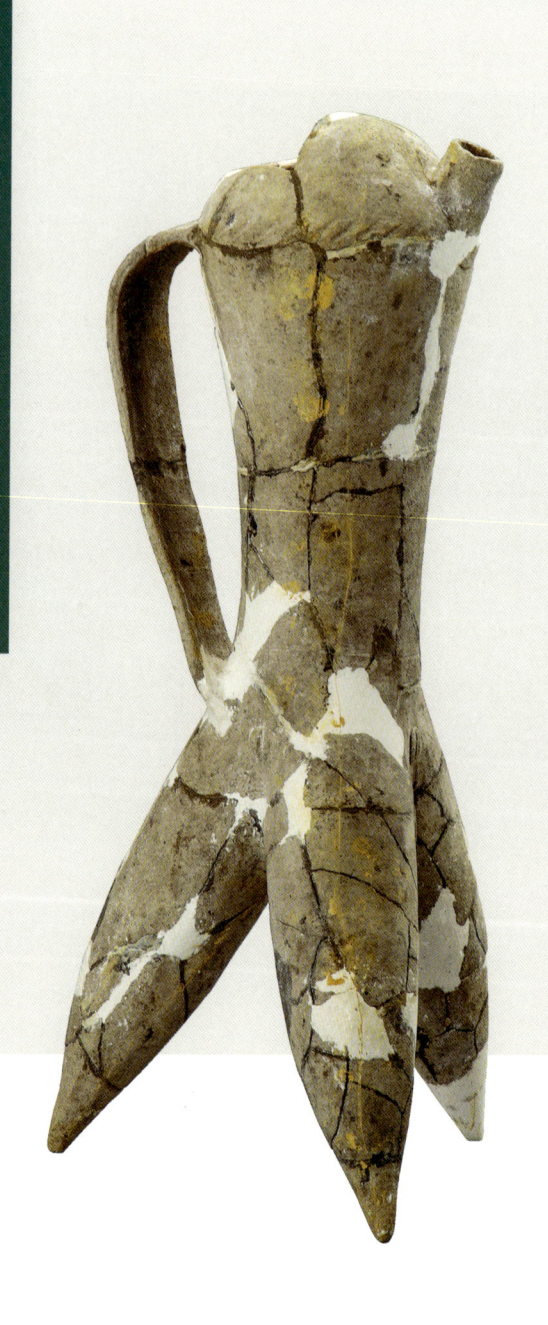

陶双耳杯

商代晚期
口径13.4厘米，高10厘米
1986年三星堆第三发掘区出土

　　双耳杯的制作非常考究精巧。双耳杯的口沿部分有两个缺口，仔细观察，缺口并非后期损坏造成，而是当初特意制作的"样式"。有专家猜测可能是为了方便倒水或者是倒酒，但倒水等一般只需要一个缺口；因此还有种说法认为，这两个缺口是用于放置筷子的。不论如何，这一别出心裁的设计使得双耳杯颇富趣味，表现出古蜀陶工细致、独具创造力的一面。

陶小平底罐

夏代
口径16.2厘米，高14.5厘米，底径5.2厘米
1984年西泉坎出土

　　三星堆遗址出土了数量巨大的陶小平底罐，是当之无愧的蜀陶典型器物。其罐底平而小，罐口略内收，整器呈上大下小状。这种器物上大下小而不失沉稳，罐体圆转美观而耐用，在当时十分流行。

陶尖底杯

商代晚期
口径10厘米，高10.8厘米
1984年西泉坎出土

　　尖底器是古蜀陶器中较为典型的器物。尖底不便于平放，而三星堆遗址内出土的大量陶质器座为我们解释其用法提供了依据，其应是与器座成套配合使用的。

陶瓦

夏代
长39厘米，宽20厘米，高9厘米
2000年月亮湾出土

　　月亮湾台地所发现的属三星堆遗址二期的筒瓦、板瓦及下水道等，表明在约中原夏至商代早期，三星堆已有具宫殿性质的大型建筑存在。这批建筑构件及相关设施遗迹的发现，不仅在中国建筑史上具有重要意义，也在一定程度上印证了学界关于月亮湾台地一带或系宫殿建筑遗迹区之推测。

遇见三星堆

陶瓶形杯

商代晚期
口径3.9~4.9厘米，高12.4~14.9厘米
1986年三星堆第三发掘区出土

　　三星堆遗址出土了大量用于盛酒、盛水的器物，在这些数量众多的酒器、水器中，除了引人注目的陶盉、双耳杯、瓠等，还有形制如瓶的杯子，其材质主要为夹砂褐陶和夹砂灰陶两种。

089

陶人

商代
高20.5厘米，宽9.4厘米
1999年月亮湾出土

该人像为光圆头，高鼻突出。眼、嘴属阴刻线条画出，身着长裙，腰系一带，在腰前系结。推测其身份可能为巫师。

陶猪

商代
高5.3厘米，长5.9厘米，宽5厘米
1986年三星堆第三发掘区出土

陶猪造型手段删繁就简，敛缩头与足而夸张其体态，使之通体浑鼓，显得非常大气。笨拙的猪被塑造成聪明的宠物，憨态可掬，十分可爱。

陶鸡冠盖纽

商代
长18.8厘米，高10.2厘米
1986年三星堆第三发掘区出土

鸡冠形盖纽，造型美观大方，模仿逼真，极具观赏价值。

陶鸟头把勺

夏代
长36厘米，勺体口径17.5厘米，高12厘米
1980年三星堆地点出土

　　该把勺为古蜀人舀水、舀酒或舀汤的汤勺，与其他地方的把勺相比，勺把是造型各异的鸟头形，颇具特色。

鸟头勺把是三星堆最具特色的陶器制品，系鸟头把勺的柄部。因勺体不易保存，大多仅存勺把。其鸟头形象颇似鱼凫（鱼鹰），或与以鱼凫为族名、族徽的古蜀鱼凫王朝有关。有学者认为，鸟头勺把应不仅仅是生活用品，还可能是古蜀祭祀活动中使用的祭品。

陶鸟头勺把

商代

残长14.2厘米，柄径2.3厘米，高4.5厘米
1982年三星堆地点出土

陶鸟头勺把

商代

残长27厘米，宽6.3厘米，高6.4厘米
1986年三星堆第三发掘区出土

陶鸟头勺把

商代

残长13.7厘米，宽2.7厘米，高4.1厘米
三星堆遗址出土

金杖 GOLD SCEPTER

系用金条锤打成宽约7.2厘米的金皮后，再包卷而成。两侧薄，中间略厚，出土时已压扁变形，金皮杖内侧尚存木质炭化物，估计原来是一柄木芯金皮杖。上端有46厘米长的纹饰图案，图案以双勾手法雕刻，分三组：靠近下端的一组为两人头，人头之间以双勾纹相隔，头戴锯齿状冠，耳悬三角形耳坠，头两侧有卷角。人头像为弯刀眉，立眼，兽耳，弧形阔口。人头图案的上、下方各有两条平行线。其余两组图案相同：前端是两只相对的鸟，作展翅飞翔状。鸟的后面为两条相向的鱼，鸟背上各有一支箭，射进鱼的头部，箭尾有羽翼。

遇／见／三／星／堆

华彩流光

金器

三星堆金器种类丰富，体量大，仅一、二号坑就出土金器65件，总重约850克，主要器型有金面罩、金杖、金箔璋形饰、金箔鱼形饰、金箔虎形饰等。

从质地来看，三星堆金器大多是金银二元的合金薄片，含金量一般在85%左右，其余的15%多为银。根据地质调查和对特征元素钡的研究分析，研究人员推断三星堆金器原料可能来自四川西南部的大渡河、雅砻江流域。从工艺来看，出土的金器制作工艺精湛，主要运用了锤拓、模压、粘贴、錾刻、镂空等技术，代表了中国早期黄金冶炼工艺的最高水平。

三星堆黄金制品造型精美、制作工艺精湛，在古蜀文化中占有极高的地位，其多作为权力的象征用于隆仪、祭典的重器，这与北方地区仅以黄金作为装饰品，中原地区以铜为重的价值观念完全不同。

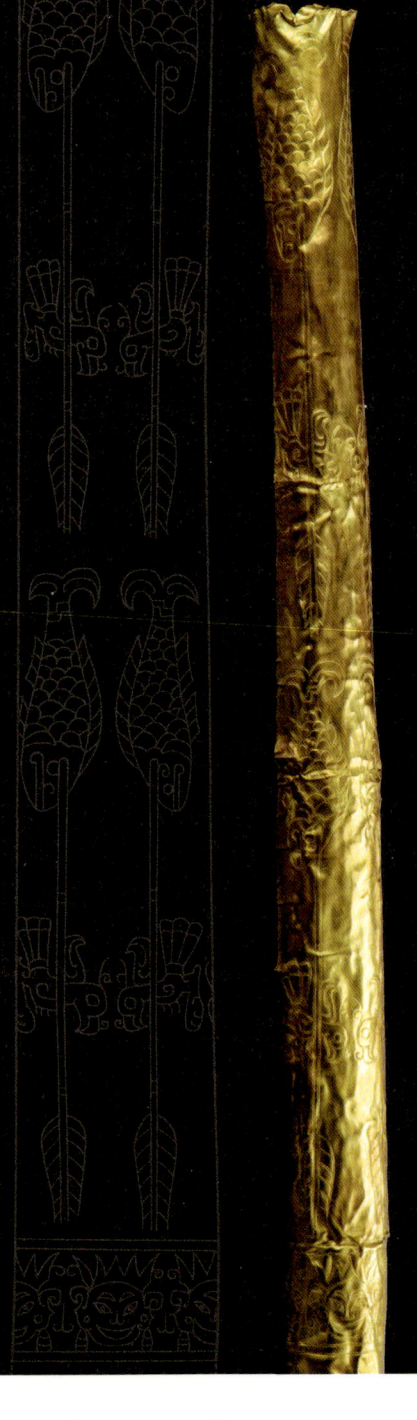

金杖

商代晚期
长142厘米，宽4厘米，高2厘米
1986年三星堆一号坑出土

　　金杖系用金条捶打成金皮后，再包卷在木杖上，出土时木芯已炭化，仅存金皮，金皮内可见炭化的木渣。金杖的一端有长约46厘米的三组平雕图案：靠近端头的一组，合拢看为两个前后对称的巫师头像，另两组图案相同，其上下方皆是两背相对的鸟和鱼，在鸟的颈部和鱼的头部叠压着一支箭状物。多数学者认为，三星堆金杖具有多种特权复合性的象征意义，标志着王权（政治权力）、神权（宗教权力）和财富垄断权（经济权力）。

金面罩

商代晚期
残长21.5厘米，宽11厘米，高4厘米
1986年三星堆一号坑出土

金面罩系用金皮锤拓而成，其形制与金面铜人头像上的金面罩相同，推测也应有铜人头像与之匹配。金面罩不仅象征权力和地位，同时还具有浓郁的神巫文化色彩。

金箔虎形饰

商代晚期
长13厘米，宽8厘米，厚0.03厘米
1986年三星堆一号坑出土

　　这件饰物系用金箔捶拓成形，遍体压印"目"字形的虎斑纹。虎头昂起，张口作咆哮状，眼部镂空，前足伸，后足蹲，尾上卷，呈奔跑状。金虎呈半圆形，可能原来是粘贴于其他器物上的饰件。中国古代民族多有崇虎的习俗。三星堆出土的金虎及青铜虎，造型以简驭繁，气韵生动，说明蜀人对虎的观察相当仔细，而且虎的形象在他们心目中有十分重要的地位。

金箔鱼形饰

商代晚期
长7.5~23厘米，宽0.7~2.3厘米，厚0.04~0.06厘米
1986年三星堆二号坑出土

  此类饰件一、二号坑共出土19件，分大小两型。大号金箔鱼形饰共有5件，器身细长，既似鱼形又像柳叶，上錾刻有精细的叶脉纹和刺点纹。小型的金箔鱼形饰形制与大号接近，长度从4厘米至7厘米不等，表面无纹饰。鱼形饰上端均有一圆穿孔，应是悬挂于其他器物上的饰件。

金箔四叉形饰

商代晚期
长9.4厘米，宽6.8厘米，厚0.13厘米
1986年三星堆二号坑出土

器物用长方形金箔錾成尖角四叉形，另一端齐平，如四座起伏相连的窄山，应是粘贴于其他器物上的饰件。

金箔璋形饰

商代晚期
长3.2~11厘米，宽1.4~2.3厘米，厚0.02~0.04厘米
1986年三星堆二号坑出土

此类饰件均出自二号坑，共出土14件，分两型。A型器物呈平行四边形，共2件。B型器身作长条形，两侧直，射前部由后向前渐宽出，前端有叉形刃。邸部呈钝角形，角端有一圆穿孔。

堆堆等你
一站式了解三星堆

❖ 这里有丰富的语音导览：中文讲解、VR真人解说、VR精灵导览、《堆里有事》微广播剧……

❖ 随时随地，观看三星堆精彩展览："古城、古国、古蜀文化陈列""人与神：古代南方丝绸之路文物精华展""和乐天下：中原古代音乐文物瑰宝展"……

❖ 足不出户，嗨逛三星堆文创集市：考古盲盒、"凤鸟祥云"书签礼盒、迷你盲袋……

扫描二维码
关注公众号

图书在版编目（CIP）数据

遇见三星堆 / 四川广汉三星堆博物馆编著. -- 成都：巴蜀书社，2022.2（2024.1重印）
ISBN 978-7-5531-1600-6

Ⅰ．①遇… Ⅱ．①四… Ⅲ．①三星堆遗址－出土文物－图录 Ⅳ．①K878.02

中国版本图书馆CIP数据核字(2021)第253923号

YUJIAN SANXINGDUI
遇见三星堆

四川广汉三星堆博物馆　编著

责任编辑	吴焕姣　王　莹　李　蕾
出　　版	巴蜀书社
	四川省成都市锦江区三色路238号新华之星A座36楼
	邮编：610023　总编室电话：（028）86361843
网　　址	www.bsbook.com
发　　行	巴蜀书社
	发行科电话：（028）86361852
经　　销	新华书店
制　　作	四川胜翔数码印务设计有限公司
印　　刷	成都市金雅迪彩色印刷有限公司
版　　次	2022年2月第1版
印　　次	2024年1月第4次印刷
成品尺寸	170mm×220mm
印　　张	6.75
字　　数	200千
书　　号	ISBN 978-7-5531-1600-6
定　　价	48.00元

本书若出现印装质量问题，请与工厂联系调换